Osttirol. Eine Liebeserklärung Text Christoph Zanon, Bilder Klaus Dapra

Dorfersee, Dorfertal, Kals 1994

Vorwort Der Text von Christoph Zanon, „Suche nach der Identität eines Landes", entstand auf Grund einer Einladung zu einem Heimatsymposium, das Anfang der neunziger Jahre im Sellraintal stattfand. Als Veranstalter dieses Symposiums hatte ich bereits bei der Organisation im Sinn, das Ergebnis in Buchform zu veröffentlichen. Aus vielen Gründen gelang die Veröffentlichung dann doch nicht, und die Texte schlummerten in der Schublade. Vor kurzem entdeckte ich wieder die Texte zum Symposium, darunter auch den Heimattext von Christoph Zanon. Der kurze und prägnante Text erzählt von der Landschaft, von der Veränderung der Landschaft und der Menschen mit großer Genauigkeit und Schönheit. Jenseits von Heimatverklärung und Heimatverachtung wird Osttirol, werden seine Menschen und die Probleme der Gegenwart sichtbar.

Da für mich dieser Text die schönste Liebeserklärung an Osttirol ist, die ich kenne, dachte ich, daß dieser Text unbedingt in Form eines kleinen Geschenkbandes, der auch Fotos enthält, veröffentlicht werden sollte. Als Fotograf fiel mir sofort Klaus Dapra ein.

Klaus Dapra, der bereits in anderen Fotoarbeiten die Veränderung des Alltags sensibel dokumentierte, schafft mit seinen Landschaftsbildern, mit Talblicken, Bergblicken und mit seiner Hinwendung zu einzelnen Bäumen und Flußaufnahmen Momente von Schönheit, die zeigen, daß es auch jenseits von den bekannten, schönen Ansichten Osttirols den Zauber der Landschaft Osttirols gibt.

Die Erzählung von Christoph Zanon konzentriert wie in einem Bergkristall die Menschen, die Probleme und die Landschaft Osttirols und die Bilder von Klaus Dapra sind wie das Funkeln des Bergkristalls, wenn sich das Licht der Sonne im Kristall bricht.

Die Erzählung von Christoph Zanon und die Fotos von Klaus Dapra sind für mich Liebeserklärungen an Osttirol, auch wenn sie von den Autoren nie so bezeichnet wurden.

Franz Klug

Dorfertal, Prägraten 1994

Am Scheibenkofel,
Lienzer Dolomiten 1994

Christoph Zanon

Suche nach der Identität eines Landes

(dem Andenken an Johannes E. Trojer)

Ein Überblick Osttirols Gesicht und Grenzen sind vom Gebirge bestimmt. Es gibt ein paar wenige Sattelübergänge. Nur der Draufluß durchschneidet das kleine Land der Breite nach, und das sogenannte Kärntner Tor ist der Hauptein- und ausgang. Von dort nach Südosten führt der direkte und nächste Weg in eine Hauptstadt, nämlich Klagenfurt. Die Geschichte hat sich anders entschieden als die Natur, und Klagenfurt ist nie unsere Hauptstadt geworden, hat auch in Wirtschaft und Kultur keine besondere Anziehungskraft. Die anderen Städte – Salzburg, München, Innsbruck, Bozen, Udine – sind übers Gebirge nur umständlich zu erreichen, und diese Umwege scheinen die verhältnismäßig geringe Entfernung – ca. 200 Kilometer – zu dehnen. Nach Wien ist es noch immer fast eine Tagesreise, und so ist die Verbindung der Einheimischen zu den Städten im allgemeinen sehr lose.

Lienz ist die exakte Kleinstadt mitten in der schönsten Gegend. Hier stehen in ewigem Visavis die beiden Gesteinsbauten, die Dolomiten und das Urgebirge, hier gehen die beiden Flüsse zusammen, die Drau und der größere, die Isel. Sie hat die Verzweigungen der Täler gegen den Alpenhauptkamm hin aufgenommen, diese mächtige Gebirgsbarriere, die erst seit zweieinhalb Jahrzehnten vom Felbertauerntunnel zeitgemäß durchstoßen ist. Dieser führt in die nördlichen Wirtschaftsräume, auch Nordtirol, das mit der Inntal-Brenner-Achse Teil an einer Hauptschlagader des europäischen Wirtschaftsverkehrs hat. Innsbruck als Zentrum der Landesverwaltung zieht die Provinzler an zu mehr oder weniger angenehmen Geschäften oder ganz weg aus dem fernen Bezirk. Es ist ja nicht eine Auswanderung. Man bleibt sozusagen daheim in ähnlicher Mundart und vertrautem Gebirge, ist aber doch schon halber Kosmopolit und genießt die Chance auf eine höhere Karriere.

Kehren wir zurück in unser Land. Die Drau verjüngt sich nach Westen bis zur Wasserscheide bei Toblach, wenige Kilometer hinter der Staatsgrenze. Die Rienz entwässert nun gegen das Mittelmeer hin, aber der ganze Talzug, das Pustertal, war einst ein einziger Verkehrs- und Kulturstrang. Die Zertrennung von Süd- und Osttirol hat den kleinräumigen Wirtschafts- und Gesellschaftsverkehr fast erstickt. Die Feindseligkeit gegen die Italiener andererseits weicht erst in den letzten Jahren der Toleranz jüngerer Generationen und einem jährlich wachsenden, mächtigeren Verkehrsstrom, dem *ferragosto* und dem *sciare*.

Das Gailtal schließlich, eine Art Parallele zur Drau und ebenfalls ins Kärntnerische übergehend, ziemlich unwegsam und für den Durchzug uninteressant, ist bis heute ziemlich privat geblieben. Bemerkenswert sind die Sprachinseln jenseits des Karnischen Kamms. Sie zeigen, wie die Not immer wieder die Überbevölkerung hinausgedrängt hat, wie es zwischen den Talschaften über die Gebirge hin die vielfältigsten Beziehungen gegeben hat und schließlich, wie sich eine Mundart Jahrhunderte lang mitten im anderssprachigen Gebiet erhalten konnte, zugleich integriert und selbständig.

In den verschiedensten Benennungen lebt noch schwach die Erinnerung an keltische, römische, bajuwarische und slawische Einflüsse, läßt sich der bunte Wandel von Einflüssen erkennen, deren markantes Erbe gewisse Menschengruppen noch heute im Gesicht tragen. Langsamer vielleicht als in den Städten und im Flachland haben hier die großen Bewegungen der europäischen Geschichte gewirkt, und die natürliche Abgeschiedenheit hat die Wirkungen vielleicht verzögert und gemildert. Wenn wir in die alte Bauernwelt schauen, erscheint sie von einer steinernen Beharrlichkeit, und wir wundern uns, wie sie sich innerhalb von wenigen Jahrzehnten radikal gewandelt hat. Die modernen Straßen, die wie kranke Schatten dem Weg der Flüsse folgen, und die Medien, die eine sogenannte „Welt" bis in den letzten Winkel tragen, also den letzten Winkel mit jedem beliebigen Ort in der Nähe oder Ferne verbinden, haben die allgemeine Modernität über das Wesen auch dieses Landes gezogen, seine eigenen Regungen verdrängt und seine Kultur, die wegen ihrer Stetigkeit so gewichtig schien, fast ausgerottet.

Latschen, Gamsbachtal,
Lienzer Dolomiten 1997

Spatenbach,
Lienzer Dolomiten 1994

Zum heute In allen Lebensbereichen richtet sich der Mensch nach der Maschine. Sie spart ihm das Rätseln und das Handwerk. Die Maschine verlangt neue Fertigkeiten, die sich aber nicht mehr mit dem Problem selbst, sondern nur mehr mit dem technischen Apparat befassen: man müßte dem Automechaniker ein Denkmal setzen. Die Maschinen, oder sagen wir, „die Technik" ist hauptsächlich erfordert worden von der Aufgabe, Großes zu bewältigen, zum Beispiel große Entfernungen in kurzer Zeit zu durchmessen, große Mengen an Nahrungsmitteln, Kleidung usw. herzustellen und zu verteilen, große Wirkungen im Krieg zu erreichen. Parallel dazu hat sich in der Gesellschaft die Industrie eingerichtet, das ist die massenhafte, mechanisierte Produktion. Und der Mensch mußte überall von draußen, also von seinem Kampf mit der Natur, hineingehen in die Hallen zu den mechanisierten Handgriffen und Dienstleistungen.

Er hat geglaubt, die Maschine nimmt ihm die Last vom Buckel, aber hat mit neuen, furchtbaren Abhängigkeiten zahlen müssen: die stupide Arbeit an Produkten, die für den Müll bestimmt sind, oder die Sklavenhaltung in der Dienstleistung, der Massenkonsum, worin das Individuum nicht mehr vorkommen kann, so wie es aus der Politik hat verschwinden müssen, weil die Einrichtungen der sogenannten Demokratie nur mehr die Existenz der Industrie verwalten. Die Last scheint vom Kreuz des Arbeitenden abgenommen, in Wirklichkeit muß er sie in neuer, tückischer Mühe wieder aufnehmen, wie wir tausendmal hören: daß der Massenverzehr von Rohstoffen und Energie das Leben verpestet und die Müllberge baut.

Manche nennen unser Land gelegentlich in blöder Nostalgie „Herrgottswinkel". Aber es trägt alle Male der Industrie, leidet an ihrer Verseuchung und zeigt überall ihre Verletzungen. Früher haben die Bergbauern praktisch nur vom Mangel und vom Reichtum ihres Landes gelebt. Es muß ein Kampf gewesen sein, genau organisiert gemäß den Zyklen des Tages, Jahres, Lebens. List und Mühe haben der gleichgültigen Natur ihre Güter abgerungen. Dann gab es Ruhe, dann gab es Arbeit, und dann gab es wieder Katastrophen, und der Mensch sah, daß er eigentlich ohnmächtig war. Das war der tiefe Grund seiner Religiosität: Der seltsame und heute schon ganz fremdartig erscheinende Alpinkatholizismus war ganz eingewirkt vom Bauerndasein.

Dann bekam der Bauer mit den Maschinen scheinbar die Macht. Endlich war er befreit: Vorbei war es mit der ewigen Notwehr. Da begann er sich zu rächen für die jahrhundertelange Unterdrückung durch die Natur. Er fuhr mit den neuen Maschinen und quasi-industriellen Methoden über den Acker, das Vieh, das Land hinweg und freute sich gedankenlos am scheinbar viel bequemeren, größeren Ertrag. Das Überlieferte – alles Überlieferte, nicht nur die alten Religionen – wurde gering geachtet und vergessen. Nichts, weder Siedlungen, noch kultivierte Flur, nicht Bach, Fluß, Wald, nicht die Almen, nicht einmal die Fels- und Gletscherwüsten wurden von den neuen, brutalen Bau- und Nutzungsmethoden verschont. Und genutzt wurde, was es zu nutzen gab, industriell: der Wald, das Wasser, die „Landschaft“ und der Mensch.

Aber man redete noch die längste Zeit von Tradition und Erhaltung der alten Werte. Heute verstummen diese Stimmen nach und nach; die Stimme der jüngsten ist allzu scharf. In ihrem Brennpunkt steht das Hakenkreuz: das Symbol für den radikalen Bruch mit der Überlieferung.

Kerschbaumeralmbach,
Lienzer Dolomiten 1994

Buche beim Spatenbach, Lienzer Dolomiten 1994

Zweck: Fremdenverkehr Wir sollen für unser Land, also für uns selbst, eine Identität suchen, damit wir dem Touristen eine bieten können. Der Tourist fordert das Erlebnis, ähnlich dem Kinogeher, dem es auch egal ist, was er sieht, solange man ihm ein treffliches Theater vortäuscht. Aber die Identität des Einheimischen richtet sich nicht nach außen und fragt nicht das Außen um Bestätigung, sondern ist im eigenen Bereich erworben und selbstbewußt. Sie sagt: Hier lebe ich. Das ist mein Land. Obwohl mir vieles nicht gefällt und ich immer wieder meinen Platz in diesem Land bezweifeln muß, und manchmal hinausfliehen muß, damit ich nicht kurzsichtig werde – dieses Land ist mein Trotz und mein Stolz. Ich liebe es als Heimat.

So beschaffen waren die Menschen, die als Forscher in fremde Länder gingen. Sie sahen: Das fremde Land ist die Heimat fremder Menschen. Sie betrachteten das Exotische, dann schauten sie zurück auf das Vertraute, sie entdeckten neue Ansichten hier in der Fremde und dort in der Heimat, sie entdeckten Zusammenhänge. Sie staunten über die Wunder der Verschiedenheit. Und manchmal, von einem besonderen Ereignis oder einem besonderen Anblick wurden sie ganz allen Beschwernissen entführt in einen wirklichen Traum. Und der Traum war die Nahrung der Ehrfurcht. Sie waren zurückhaltende Menschen, sie nahmen die Gastfreundschaft an und beugten sich dem Herrschaftsanspruch des Gastfreunds.

Der Tourist – als Typus betrachtet – flieht seine Heimat, besser gesagt, seine Wohnung. Dann sucht er das Gewohnte, weil er die Fremde (sich selbst) fürchtet. Er täuscht sich vor, daß er eine Eroberung gemacht habe und will über das verfügen, wofür er bezahlt hat. Auf der Gegenseite, in der Dienstleistung, ist Freundlichkeit gefordert. Dahinter verbirgt sich schlecht die Ablehnung gegenüber dem Anschaffer. Bewußt oder unbewußt empfindet der Dienstleistende, daß das Spiel vor dem Herrn Touristen ein Theater ist, banal zweckmäßig, lustlos. Das Ergebnis ist krankhaft und betrüblich; der simple Erwerb sein, die halb offene Taschendieberei, das Geschäft nach internationalen Regeln.

Es ist vielleicht unmöglich, ein Land zu öffnen, ohne daß es sich selbst und seine Einwohner dem Touristen prostituiert. Der Begriff „Liebe" begreift nur mehr Kitsch. Der gewöhnliche Tourist fährt in der Kolonne und geht im Rudel, er wird bedient und zahlt, die Zuneigung beiderseits ist hauptsächlich geheuchelt. Heimat weder hier noch dort, nur Trampelpfade, Attraktionen für Massen, Abspeisung der Massen. Und der Einheimische, nach getaner Arbeit, zieht sein Dienergewand aus, legt die eingeborene Mundart an und wird Tourist im eigenen oder im Ausland. Das ist die neue Gestalt der Erdkruste: Ödnis.

Reife, Zettersfeld 1994

Weggehen Viele gehen weg aus der Provinz, viele der Guten, fast alle der Besten. In der Großstadt finden sie die entsprechende Herausforderung und alle Einrichtungen, in denen sich die Spitzen von Wirtschaft, Wissenschaft, Gesellschaft treffen. Die schärferen, umfassender gebildeten Geister finden sich hier, das kritische Publikum. Der Name einer Großstadt ist ein Gewicht in der Biographie des Einzelnen, sein Werk findet größere Verbreitung, die Medien machen eine Person gewichtig. Materialien für jede Art von Beschäftigung sind angeboten und leicht zugänglich. Leute von Interesse und Einfluß leben in nächster Nähe, und selbst wer in zurückgezogener Arbeit leben will, kann sich ziemlich bequem an jene wenden, die ihm Arbeit und Material vermitteln.

Die Großstadt wirkt magnetisch wegen ihrer Massenhaftigkeit. In unserem engen Land sind die Wenigen, die aus dem Desinteresse des Alltags hinausstreben, ganz vereinzelt. Viel Anerkennung haben sie natürlicherweise nicht zu erwarten, erst recht, wenn der Neid umso kleinlicher um die kleinen Gewinne kämpft. Es gibt kaum öffentliche Podien, und wenn ein Mensch öffentlich wird, dann mehr durch das Gerücht als durch intellektuelle Auseinandersetzung.

Das Leben in unserem Provinzland spielt sich also – scheint es – in karger Gewohnheit ab. Gleiche Gesichter mit ihren immer gleichen Meldungen stumpfen nach und nach den Wachsamen ab. Er muß weggehen ins Exotische. In der Großstadt kann er der Fremde sein und sozusagen an jeder Straßenecke Kontakt zu Fremden finden, einen mehr oder weniger losen Kontakt: Wie kurz und unerhört kann hier die Begegnung zweier Menschen sein! Ja, hier läßt sich aus geringer Distanz – und doch immer aus der Distanz – das Lebenstheater in all seinen Exzessen ergehen!

Die Großstadt hat den Schein von Freiheit und einen wirklichen Reiz, und beides zieht noch mehr an als die Karrierechancen, entfernt von den kleinen Verhältnissen. Natürlich finden sich die kleinen Verhältnisse überall, aber von den großen Möglichkeiten scheint der Provinzbewohner ausgeschlossen.

Alles spricht für die Großstadt, sobald nur ein größerer Ehrgeiz da ist. Und doch bleiben manche solcher Ehrgeizigen in jenem Land, das sie Heimat nennen. Und doch sind sie auch Abenteurer und brechen wieder auf zu neuen Forschungsreisen. Ihre Wege kann man nicht mehr auf der Landkarte nachzeichnen, denn sie sind unterwegs in die fremden Länder des Geistes. Sowie sie sich ihrem eigenen Land zugewendet haben, als einem geistigen Gebilde, sehen sie: Es ist ein weites Land. Sie sagen: Wir wissen nur ganz wenig über unser eigenes Land, wie sollen wir etwas wissen über die ganze Welt? Sie sind Abenteurer und möchten 100 Jahre alt werden. Sie möchten die Architektur und die Dramatik des eigenen Lebens im Bild des Landes erforschen.

Ufersaum, St. Johann, Iseltal 1994

Weiher, St. Johann, Iseltal 1994

Kleinstadt Ich könnte Romane schreiben, aber jetzt ist nicht die Zeit für Romane. Ich bin auch versucht, in einem Furioso herzufahren über die Kleinstadt und ihre Kleinbürger, aber das hätte ich nur von außen tun dürfen und nicht als Selbstbeteiligter. Und was hätte meine Polemik erreicht? Das Leben in einer Kleinstadt ist schwierig, aber ganz deprimierend ist das Leben in einer Kleinstadt im Gebirge.

Hier kann ich nicht Straßenmensch sein, es sei denn, ich neige den Kopf und suche Zigarettenkippen auf dem Gehsteig oder zertretene Erdnüsse. Aber die Gehsteige sind schmal, die Straßen sind eng, die Gebäude sind niedrig, und die Perspektive endet immer im Gebirge. Der Konfrontation von Kleinstadt und Gebirge ist man hier immer ausgesetzt, sie zermürbt einen. Weil nämlich das Gebirge über jedes Menschenmaß erhaben ist, verweigert unsere Architektur eine Antwort auf diese Erhabenheit. Eigentlich müßte das Wesen des Gebirges als Gesteinsbau und die strenge Freiheit seines Aussehens jederzeit in der ganzen Organisation städtischen Bauens berücksichtigt werden, die Ansicht der Plätze und Straßen im Verhältnis der Gebäude zueinander müßte immer den Ausblick auf das Gebirge erträglich machen.

Aber ich glaube, wir haben nicht den Mut dazu. Die Maxime unseres Bauens heißt billig und heimelig. Das Geschäft hebt nicht den Kopf zum Himmel. Die Gesellschaft ist überschaubar, aber sie muß als unüberschaubar gelten, international: daher die Supermärkte, die normierten Produkte überall, die Kunststoffmaterialien, die allen Atem ersticken, der schrankenlos geduldete und geförderte Verkehr, die sterilen Abspeisungslokale usw.; die Verleugnung der typischen Landschaft, des typischen Klimas, des typischen Menschencharakters, die Verleugnung des Gebirges.

Deshalb sind bei uns wie überall die Taxifahrer frech und die Bankbeamten würdig. Die Politiker wissen, worum es geht, und haben nie darüber nachgedacht. Die jungen Arbeiter werden schick, ihre Hände beschäftigen sich nur mehr mit Schreibstift und Tastatur. Das Lachen ist ein Bellen, wie einstudiert, die Unterhaltung turnt durch die neuesten, unflätigen Witze, es ist wie in einer klitzekleinen Wallstreet. Hinten aber sitzen Herren in der Runde beim Kartenspiel, die Mundwinkel sind nach unten gezogen und die Blicke streng; es gibt keinen Schmäh, nicht einmal ein Grinsen, nur rote Köpfe und halblautes Geschrei, wenn es um strategische Auseinandersetzungen geht.

Was ist geschehen? frage ich mich wieder, wenn ich die Kleinstadt von draußen betrachte. Geschehen ist doch nur, was überall geschehen ist in der modernen Zeit, der allgemeine Überlebenstrieb betreibt sein Überleben.

Weide am Debantbach 1995

Was das Land hat Es kommt immer seltsam an, wenn ich höre, daß das Land schön ist und noch so viele Schätze aus seiner Geschichte hat, die man unbedingt erhalten sollte. Denn all dieses Schöne scheint überhaupt nicht auf uns Zeitgenossen zu wirken, daß wir es nachahmen oder genießen. Höchstens, daß wir es zu vermarkten versuchen, und für Leute, die sich irgendwie dreckig fühlen, mag das attraktiv sein. Ich sehe ein Bücherregal, eine Serie von Fotobänden, schlage einen der Bände auf, blättere ein bißchen hin und her in den Bildern und sage mir: Da fahre ich hin, ich muß einfach einmal weg. Dann mache ich Fotos, dann habe ich das schöne Land im Kasten, dann kehre ich heim in den Frust.

In der Nähe des sogenannten Rindermarktes, in der Stadt, gab es ein kleines Bauernhaus, ein Blockhaus. Als Kinder kamen wir gelegentlich hinein: Es ging drei oder vier Stufen von der Straße herab ins Dunkel des breiten Flures und weiter in die Stube, die große niedrige, die nach der Straße schaute. Die Fenster waren klein, es war immer dämmrig im Raum, immer schwebte ein Geruch im Dämmer, eine ungewisse Mischung aus Stall und Rauch und was die Saison gerade brachte, und immer maß das träge Tack-Tack einer Standuhr das Schweigen oder das träge Gespräch. Der Verkehr war damals noch gering, und auch war es nicht üblich, den Raum durch ein endloses Radioprogramm zu tapezieren, deshalb standen die Stimmen der Erwachsenen so verloren und zugleich körperlich da, daß sie mir heute noch gegenwärtig sind. Einmal schien eine tiefe Sonne in die Stube und brachte Streifen des Getäfels und des Tisches zu einem kalten, rötlichen Glühen, während die übrigen Ecken in einer Dunkelheit verschwanden. Ich empfand Beklemmung, es trieb mich hinaus und zugleich war ich wie betrunken von einer fremden, märchenhaften Welt.

Später sah ich: Die Zeit, als unser Land sozusagen ein Gesamtkunstwerk war, ist vorbei. Jede äußerliche Restauration ist falsche Nostalgie. Wir rätseln zwar, wie aus der Arbeit der Alten die Kunst geworden ist und das Schöne; und wir sehen, daß es gemacht ist aus der Weisheit der Menschenhand, also der Sinnlichkeit und dem Intellekt, der sich das Werkzeug notdürftig selbst gemacht hat, bevor er es ans Material setzt, und der die Weisheit des Materials lange erforscht hat, und also die Weisheit, die die Natur in den Dingen äußert.

Aber wollen wir dorthin aufbrechen? Denn die Not, von der die Bauernstube gleichsam geatmet hat, ist nur von einer neuen Not ersetzt worden: Die Wohnräume sind hell geworden und voller Bequemlichkeit, aber der Blick kann sich nicht mehr freuen, das Draußen und Drinnen sind miteinander zerworfen, die Eigenmacht hat sich der bequemeren Versorgung preisgegeben. Das Alte ist verloren und das Neue hat kein eigenes Gesicht: Die Dinge stammen nicht von uns, es sind fremde Kinder, die wir nicht lieben.

Drau bei Leisach 1994

Bergahorn, Klammbrückel,
Lienzer Dolomiten 1994

Die Praxis als Aufstand Es heißt, die Organe der Politik haben sich konstituiert zur aktiven Äußerung und Realisierung eines Bürgerwillens. Der Bürger hat ein Geltungsbedürfnis und markiert seine Interessen, bringt sie sogar auf gegen andere: Darüber muß die Politik hinausgehen. Sie erforscht den Gemeinnutzen und formuliert ihren Willen. Damit das geschehen kann, muß der Bürger in der Politik drin sein, nicht jeder als sein eigener Abgeordneter oder, was als Seuche in unseren Landen grassiert, indem mancher noch lauter die Kommentare des Boulevards nachplärrt. Wenn der Bürger nicht selbstbewußt ist, wird die Politik zu einer Entmutigung: Den Egoismus, der sich hinter Kurzschlüssen und Vorurteilen verbaut, halten nur mehr Gesetze und Verordnungen in Schranken.

Leider muß die Politik heute, wenn sie besonnen ist, hauptsächlich die scheinbaren Freiheiten einschränken. „Leider" sage ich nicht der Beschränkungen wegen, sondern weil eine überschaubare Gesellschaft nicht fähig ist, in und mit ihrem kleinen Land in einer lebendigen Auseinandersetzung zu leben. Leider, noch einmal leider, hat sich der Bürger heute selbst entmündigt. Der politische Mechanismus zieht aus einer Masse von Stimmen das Mandat und dann aus derselben Masse Mittel ab, die dann wieder verstreut oder in größeren Bündeln für gewisse wirtschaftliche Zwecke ausgegeben werden – ganz zu schweigen von einem riesigen Verwaltungsapparat, der sich von den allgemeinen Mitteln nährt. Der Bürger hat sich an diesen Mechanismus gewöhnt. Er ist eingeschworen auf die Illusion des freien und zugleich versorgten Lebens.

Was in sich unvereinbar ist. Deswegen regen sich Widerstand und der Wille zur Selbstbehauptung in allen Einrichtungen der Gesellschaft. Und überall halten zäh jene Verwaltungsgewebe, die das ganze wirtschaftliche und gesellschaftliche Spiel als Fesseln durchziehen, dagegen. Dieser Verwaltungs- und Versorgungsmechanismus hat eine unheimliche Kraft. Nun ist Autonomie das Schlagwort, aber niemand getraut sich daran, denn sie bedeutet Abschied von der Bequemlichkeit und Aufbruch in die zuerst inhaltliche und dann organisatorische Selbstbestimmung.

Wenn wir schon bei der Demokratie bleiben wollen: Ich sehe die Möglichkeit zur Autonomie nur in den möglichst kleinen und faßbaren Gesellschaften. Man fürchtet natürlich, daß solche kleinen Autonomien die großen Verwaltungsstränge irgendwo kappen und den Weg der Industrie zur wirtschaftlichen Alleinherrschaft hier und dort behindern könnten. Aber es ist unsere einzige Chance. Ich höre, wie man mir Provinzialismus vorwirft; ich halte entgegen: Das ist der Instinkt des Gebirgsbewohners. Er riecht die Gefahr und geht nicht weiter hinein. Er kennt sein Land, seine Häuser und seine Geschichte. Warum soll er nicht Herr im Haus bleiben?

Er kennt auch seine Ohnmacht und mischt sich nicht in die Angelegenheiten der ganzen Welt. Er sieht, wie leicht die ganze Welt zur Dienerschaft entwürdigt wird.

Wetterbäume, Mitterberg, Lienzer Dolomiten 1996

Noch einmal das Gebirge Alles bei uns bestimmt das Gebirge. Die helle Heiterkeit sieht man in anderen Ländern, die näher dem Meer sind. Im Gebirge herrscht der Ernst des Gewaltigen. Die einigermaßen bequem zu bewirtschaftenden Flächen im Tal sind beschattet von den überall steil aufragenden Flanken; die Gürtel der Wälder sind meist dunkel und öde; die Almen öffnen sich in einem kühlen Liebreiz; die letzten Höhen sind wüstenhaft: Ihr Zauber verführt einen hinauf in die Tücken extremer Lebensbedingungen, wo trocken glühende Sonne plötzlich mit einem Sturm wechselt, der einem das Blut aus den Fingern treibt.

Das Land urbar zu machen war Mühsal auf Leben und Tod. Die Menschen rodeten ihre Flecken bis über die halben Höhen hinauf und zahlten für den eroberten Raum und den größeren, helleren Himmel mit Kargheit und Abgeschiedenheit. Das Land, großartig, und die Not, alltäglich, mögen den Grundcharakter der Eingeborenen gebildet haben. Der Kampf fördert List und Rohheit, die Dürftigkeit verlangt Ausdauer und Bewirtschaftung auch des Geringsten, aus der Abgeschiedenheit bildete sich die scharf gezeichnete Mundart und ihr Witz, andererseits der Argwohn gegen das Fremde und wechselweise die Gastfreundschaft. Die Arbeit, wie sie dem Jahreskreis folgte und jede Notwendigkeit des Lebens angehen mußte, verlangte Geschicklichkeit von Kopf und Händen, förderte das Ebenmaß im Körperbau, eine Klarheit der Augen, aber auch die typische Bauernschläue, die sich begnügt, wenn sie ihren Vorteil erreicht hat; auch die Grobheit, Schwerfälligkeit, deren Symbol die Hände sind, die in die Länge gezogen scheinen und in die Breite gepreßt vom Gewicht der Erde.

Das ist nur ein Umriß, aus dem die tausenderlei Gestalten des heutigen Lebens treten und ihren Weg gehen; die ihre Hände, zum Beispiel, ans Lenkrad eines Betonmischwagens legen oder an die Tasten eines Computers. Die Hände nehmen vielleicht Speck und Käse, folienverschweißt, aus einer Truhe im Supermarkt, oder manchmal ein Stück von daheim, aus einem Haus, in das eine Normküche niemals passen wird. Das Gebirge ist der schnellen, glatten Bewegung entgegen, aber es kann sie nicht verhindern. Die bunten Lichter der Großstadt schimmern in die Träume des Dorfes, wenn die Stille der Nacht vom Schlagwerk der Kirchturmuhr ins Bodenlose geöffnet wird. Die Sitten der Väter und Mütter sind nur mehr von ihrem Alter schwer und kranken noch dahin unter der Gewohnheit und der modernen Moral von Angebot und Nachfrage, die jedes Verhältnis mit Paragraph und Konto regelt. Als Ausgewanderte bleiben wir, die Söhne und Enkel von Bauern, in der alten Heimat, ertragen in beharrlichem Leugnen das Fragwürdige.

Einmal erwache ich. Das Gebirge erscheint mir dunkel mitten am Tag. Nicht nur diese endlosen Fichtenhänge oder die späten, bläulichgrünen Wiesen und die vereinzelten Eschenbäume darin. Die Schattenbäuche der Wolken sind dunkel, ein feuchtes Dunkel, das wiederkehrt herunten an der Rinde der Holunderstämme wie ein Beharren der Nacht. Das Dunkel steigt auf in die Zweige und in die violettschwarzen Beeren auf den weinroten Stengeln. Ja, hier sehe ich die Farbe dieses Spätsommertages in diesem Land. Es ist eine ganz typische Farbe, eine Grundstimmung im Gefüge unserer Jahreszeiten. Das Dunkel beschwert mein Gemüt nicht. Es ist ein schöner Fleck hier, ich sitze gern hier und schaue aus, und sehe, wie sich das Immergleiche immer verwandelt. Der Fleck gehört mir aber nicht, ich habe ihn geliehen bekommen, damit ich ein Lied singen kann.

Faschingalm, Blick gegen Osten 1994

Gamssandte,
Lienzer Dolomiten 1994

Christoph Zanon, 1951-1997, lebte und arbeitete als Gymnasiallehrer und Schriftsteller in Lienz, zahlreiche Veröffentlichungen, darunter „Die blaue Leiter“, Innsbruck 1988, „Schattenkampf“ mit einem Fotoessay von Klaus Dapra, Innsbruck 1992, „In eine traute Gesellschaft“, Graz 1996, „Auf dem Trödelweg“, Bozen 1997.

Klaus Dapra, geb. 1958 in Lienz, lebt und arbeitet als selbständiger Grafiker in Lienz, fotografische Veröffentlichungen in: „Schattenkampf“. Text von Christoph Zanon, Fotos von Klaus Dapra, Innsbruck 1992 und „Dorftrommler“. Text von Hans Salcher, Fotos von Klaus Dapra, Bozen 1997.

Franz Klug, geb. 1956 in Graz, seit 1980 in Tirol und Osttirol zuhause. Zuerst selbständig als Buchhändler, anschließend 10 Jahre im Tiroler Landtag als Abgeordneter tätig, jetzt im Kulturbereich engagiert.

Die Deutsche Bibliothek – CIP-Einheitsaufnahme

Osttirol - eine Liebeserklärung / Christoph Zanon (Text). Klaus Dapra (Bilder). Franz Klug (Hrsg.). - Innsbruck : Ed. Löwenzahn, 2000
(Skarabäus)
ISBN 3-7066-2231-9

Amraser Straße 118, A-6010 Innsbruck
e-mail: order@studienverlag.at

Skarabæus ist eine Belltristik-Reihe in der Edition Löwenzahn

Layout und Umschlag: STUDIENVerlag/Bernhard Klammer, Innsbruck
Umschlagbild: Dorfertal, Prägraten 1994
Die Bildunterschriften stammen von Klaus Dapra.

Gedruckt auf umweltfreundlichem, chlor- und säurefrei gebleichtem Papier.